KB194100

세상에 하나뿐인
_____에게
세상에 하나뿐인
이 책을 드립니다!

일러두기

1. 이 책의 맞춤법은 표준국어대사전을 따랐으며, 번역은 오늘날에 쓰이는 쉬운 우리 말 위주로 풀어썼습니다.
2. 이 책은 공자(孔子)의 《논어(論語)》에서 한국인이 가장 좋아하는 문장들만 선별해 소개했습니다. 또 책의 전체 내용이 기승전결로 이어지도록 구성했습니다.
3. 이 책에 실린 문장들의 필사를 마치면, 세상에 하나뿐인 나만의 손글씨로 쓴 필사본을 소장할 수도 있고, 사랑하는 가족과 연인, 지인에게 선물할 수도 있습니다

하루 한 장
내 삶에 새기는

공자

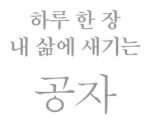

《논어》 따라 쓰기

孔子
論語

공자 지음

일상이상

세상에 하나뿐인
나만의 필사본을 완성하기 전에

필사가 왜 유용할까요?

기억하실지 모르겠지만 초등학교에 입학하면 누구나 받아쓰기를 했습니다. 처음에는 선생님이 불러주는 단어를 받아 적었고, 나중에는 제법 긴 문장까지 받아쓰기했습니다. 학교에서는 왜 받아쓰기를 시켰을까요? 바로 올바른 단어와 문장을 오래도록 기억하고, 어휘력과 문장력을 기르기 위해서입니다.

정확하고 좋은 문장을 쓰기 위해서는 글이나 책을 읽는 것도 중요하지만 여러 번 써 봐야 합니다. 읽기에만 그친다면 시간이 지나서 글이나 책의 내용이 하나둘 기억에서 사라집니다. 반면에 읽은 문장을 받아 적으면 세월이 흘러도 그 내용이 오래도록 기억되고, 문장에 담긴 뜻을 보다 깊이 이해할 수도 있습니다. 그래서일까요? 얼마 전부터 책을 읽는 데 그치지 않고 필사까지 하는 분들이 크게 늘고 있습니다.

4

사실 필사는 글을 잘 쓰기로 유명한 작가들도 습작기에 필수적으로 합니다. 좋은 글을 눈으로 읽는 데만 그치지 않고 필사까지 하면 자연스레 문장력이 향상되기 때문입니다. 실제로 작가지망생이나 문예창작과 학생들은 시나 소설 등 좋은 문학작품을 필사하고 문장력을 기르기도 합니다.

　굳이 시인이나 작가가 되려 하지 않더라도 필사를 하게 되면 여러 가지 장점이 있습니다.

　첫째, 언어 능력이 향상됩니다. 필사를 하면 어휘력이 좋아지고, 문법에 맞는 정확한 문장을 사용하게 됩니다. 당연히 문장력도 좋아집니다.

　둘째, 눈으로 읽는 것보다 기억에 오래 남습니다. 우리의 뇌는 듣는 것보다 보는 것을 더 오래 기억하고, 보는 것보다 쓰는 것을 더 오래 기억합니다. 눈으로 읽은 문장을 손으로 쓰다 보면 훨씬 오래 기억에 남게 됩니다.

　셋째, 집중력이 향상됩니다. 학창시절에 영어단어를 외울 때 여러 번 노트 등에 쓰다 보면 단어 암기가 잘되었죠? 눈으로 읽기만 하는 것보다 단어 암기도 보다 빨리 되었을 겁니다. 손으로 글을 쓰는 행위는 자연스레 집중력이 요구되므로, 필사를 하면 집중력을 키울 수 있습니다.

　넷째, 창의적인 문장을 쓸 수 있습니다. 시와 소설 등 문학작

품뿐 아니라 철학과 역사 등 좋은 책에는 저자 나름의 향기가 납니다. 다양한 스타일의 문장을 읽고 필사하다 보면 자기만의 개성 넘치는 문장을 쓸 수도 있습니다.

다섯째, 심리적인 안정을 도모할 수 있습니다. 한 글자 한 글자 손으로 쓰는 행위를 하다 보면 일상의 근심과 걱정이 자연스레 사라지고, 또박또박 예쁜 글씨로 완성된 필사본과 만나게 되면, 성취감 또한 생겨날 겁니다.

이 책은 공자(孔子)의 《논어(論語)》에서 한국인이 가장 좋아하는 문장들만 선별해 소개했습니다. 또 책의 전체 내용이 기승전결로 이어지도록 구성했습니다. 이 책에 실린 문장들의 필사를 마치면 《논어(論語)》의 주옥같은 문장들과 핵심 내용을 오래도록 기억할 수 있을 겁니다. 자, 그럼 공자는 어떤 삶을 살았고, 그의 철학과 사상은 어떠한지, 《논어(論語)》는 어떤 책인지 살펴볼까요?

공자의 삶

공자는 기원전 551년 노나라 창평향(昌平鄉) 추읍(郰邑)에서 태어났습니다. 공자(孔子)의 이름은 구(丘)이고, 자는 중니(仲尼)입니다. 그의 부모가 니구산(尼丘山)에서 기도하여 그가 태어났다고

해서 이름을 구(丘)라고 지었습니다. 3살 때 아버지 숙량흘이 돌아가시자 어머니 안징재가 곡부의 궐리(闕里)로 이사하여 홀로 공자를 키웠습니다. 숙량흘의 재산은 이복 누이들과 이복 조카에게 상속되었고, 그의 몫으로 돌아온 것은 없었습니다. 설상가상으로 어머니마저 눈이 멀어버려 생활 형편은 더욱 나빠졌습니다. 17살 때에는 어머니를 여의었습니다. 그래서 공자는 어려서부터 거칠고 천한 일에 종사하면서 가난하고 불우한 소년 시절을 보냈습니다.

20살 때부터 계씨(季氏) 가문의 창고지기로 일했고 가축 사육일도 맡았지만 학문을 게을리하지 않았습니다. 공자의 아버지 숙량흘은 무사 출신의 대부(大夫)였는데, 공자는 글과 지식으로 인정받으려 했습니다. 공자에게는 특별한 선생은 없었지만, 만날 수 있는 모든 사람들에게 배우려 했습니다. 그 가운데 가장 유명한 사람이 주나라의 노자(老子)였습니다.

30대가 되자 공자는 노나라에서 가장 박식한 사람이 되었습니다. 주나라의 낙읍을 돌아보고 귀국한 후 그의 명성은 천하 각국으로 퍼져 나갔습니다. 그에게 배움을 청하는 제자들이 구름처럼 모여들었습니다. 그는 중국 역사상 최초의 학교를 세우고 《시경》, 《서경》, 《주역》 등의 경전을 제자들에게 가르쳤습니다. 훗날 그의 제자들은 3천 명을 넘어섰습니다. 이에 공자를 눈여겨본 노나라의 왕 소공이 그를 가까이 두려 하였습니다.

공자는 관리 생활도 하였는데, 회계 출납을 담당하는 위리(委吏)를 거쳐 목장 경영을 담당하는 사직(司直)을 맡았습니다. 35살 때인 소공(昭公) 25년 노나라에서 '삼환(三桓)의 난'이 일어나자 노왕 소공이 왕위에서 쫓겨나 제나라로 도망치는 일이 벌어졌습니다. 공자도 그의 뒤를 따라 기원전 517년에 제나라로 갔습니다. 공자는 제나라의 왕 경공(景公)과 신하들에게도 학문을 가르쳤습니다. 공자의 박학다식함과 고매한 인품에 매료된 경공은 그를 정치 고문으로 기용하려 했으나, 자신의 지위가 위태로워지는 것을 꺼린 제나라의 재상 안영(晏嬰)의 적극적인 반대로 무산되었습니다.

　이로 인해 2년 만에 노나라로 돌아온 공자는 제자들을 가르치다가 46살 무렵 노나라 조정의 중도재(中道宰)가 되었습니다. 52살 무렵에는 대사구(大司寇, 현재의 법무부 장관)로 지위가 올랐습니다. 공자는 국정을 쇄신하기 위해 방자하게 권세를 휘두르는 계손사를 타도하려고 여러 계책을 꾸몄으나 번번이 실패하고 말았습니다. 이 때문에 크게 낙담해 벼슬을 버린 후, 기원전 496년에 노나라를 떠나 14년 동안 수십 명의 제자들과 함께 온갖 고초를 무릅쓰고 위·송·조·정·진·채 등 여러 나라를 돌아다녔습니다. 자신의 학문적 이상을 현실 정치에서 실현시킬 어질고 현명한 군주를 찾아내기 위해서였습니다. 공자는 인(仁)에 기반한 도덕 정치를 실현하고자 천하를 돌아다녔지만 당시의 왕들은 오직 부국

강병책으로 천하통일만을 노리고 있었습니다. 공자는 마침내 자신의 학문적 이상이 당시의 정치 상황에서는 결코 실현될 수 없음을 깨닫고 단념하였습니다. 그리하여 다시 노나라로 귀국하여 후학 양성에만 전념하기로 결심했습니다.

공자는 말년에 자신의 삶을 돌이켜보며 "나이 열다섯에 학문의 길로 가기를 마음먹었고, 서른에 이르러 세상에 나의 존재를 알렸으며, 마흔에는 어떤 일에도 미혹되지 않았고, 쉰에 이르러서는 하늘의 뜻을 모두 알았으며, 예순에는 모든 일에 대해 순리를 알 수 있었고, 일흔에는 하고 싶은 대로 해도 법도에 어긋나는 일이 없었다(吾十有五而志于學 三十而立 四十而不惑 五十而知天命 六十而耳順 七十而從心所欲不踰矩)"는 유명한 말을 남겼습니다.

기원전 479년 73살에 제자들이 지켜보는 가운데 세상을 떠났습니다. 공자가 세상을 떠난 후 그의 제자들은 스승이 남긴 말씀들을 모아서 《논어》라는 책을 출간했습니다.

공자의 철학과 사상

공자의 사상은 그가 제자 및 여러 사람들과 나눈 대화를 엮은 책인 《논어》에 들어 있습니다. 공자의 사상을 한마디로 요약하면 "인간이 행해야 할 모든 것들은 인(仁)에 바탕을 두어야 한다"입니다. '인(仁)'은 하나의 문장으로 그 개념을 명확히 규정하기 힘들지만 대체로 박애(博愛), 도(道), 덕(德), 선(善) 등의 뜻을 포함하고, 정치적으로는 임금은 임금답게 신하는 신하답게 책임과 본분을 다하는 것을 뜻합니다.

공자는 이상적인 인간상으로 '군자(君子)'를 이야기했습니다. 인(仁)을 추구하고 예(禮)를 실천하는 사람이 군자이고, 그렇지 않은 사람은 소인 또는 악인이라고 했습니다. 군자가 덕(德)을 생각할 때 소인은 이익만을 생각하며, 악인은 타인에게 해를 끼쳐서라도 자신의 이익을 도모합니다.

군자라면 '인(仁)'을 추구하고 '예(禮)'를 실천해야 하는데, 공자는 예를 인간 사회의 질서를 유지하고 도덕적 규범을 실천하는 중요한 도구로 보았습니다. 예는 단순한 의례나 형식이 아니라 인간이 사회 속에서 어떻게 행동해야 하는지를 규정하는 규범입니다. 공자는 예를 통해 사회적 조화를 이룰 수 있다고 생각했는데, 예는 부모와 자식 간의 효(孝), 형제 간의 우애(友愛) 그리고 사회적 지위에 따른 의무와 책임 등을 포함합니다. 예를 통해 개인이 자신의 역할을 충실히 수행하고, 나아가 사회 전체의 질서와 안정이 유지된다고 보았습니다.

군자에게는 '덕(德)'이 있어야 하는데, 덕이란 인간 개개인에게 필요한 자질입니다. 공자는 당시 왕들에게 덕을 바탕으로 한 덕치주의(德治主義)를 실천해야 한다고 말하였는데, 그가 말하는 덕치주의는 "군주가 덕으로써 백성을 다스리고, 이에 따라 백성의

덕도 높아져 도덕이 고루 퍼져 온 세상이 저절로 평화로워지는 것"입니다. 그러나 이 정치사상은 당시의 왕들에게 받아들여지지 않았습니다.

공자는 군자가 되기 위해서는 배우기를 좋아하는 '호학(好學)'을 실천해야 한다고 했는데, 공자가 말하는 '배운다는 것'은 '묻는 것'입니다. 그렇다면 무엇을 물어본다는 것일까요? 다른 사람의 상태에 대해 물어보는 것입니다. 남에게 끊임없이 물어봄으로써 남을 더 이해하고 남에 대해 배워 나가는 것이 공자가 말하는 인(仁)인 셈입니다. 묻지 않고서는 다른 사람을 이해할 수 없고 다른 사람을 아끼고 사랑할 수 없기 때문에, 공자는 인(仁)이란 "다른 사람을 아끼는 것"이라고 말했고, 지(知)란 "다른 사람을 아는 것"이라고 말했습니다.

공자는 군자라면 '중용(中庸)'을 실천해야 한다고도 했는데, 중용이란 지나치지도 않고 부족한 것도 아닌, 딱 알맞은 적절한 정도를 뜻합니다. 여기서 '중(中)'은 갑골문에서 '깃대'를 뜻합니다. 깃대에 매달린 깃발은 바람에 따라 이리저리 휘날리지만 그 중심에 있는 깃대는 굳건히 움직이지 않는데, 중용도 마찬가지입니다. 그렇다고 중용이 '중간'을 뜻하는 것은 아닙니다. 중용은 남들이 하는 대로 똑같이 따라 하라는 것도 아니고, 서로 다른 의견 중에서 이기는 쪽을 택하라는 것도 아닙니다. 자신의 중심을 잡으면서도 변하는 상황에 따라 적절하게 하는 것(時中)이 바로 중용입니다. 인간관계는 끊임없이 변하기 때문에 상황에 맞게 상대방의 감정을 헤아려서 적절하게 대하면서도, 묵묵히 자신의 뜻을 굽히지 않고 꾸준히 정도(正道)를 펼쳐나가는 것이 중용인 것입니다.

공자의 사상은 덕치주의를 받아들이는 왕을 만나지 못해 살아생전에는 실현되지 못했지만 그의 제자인 증자와 자사를 거쳐 맹자에 이르러 더욱 발전되었고, 한 무제 이후 중국의 중심 사상으로 자리매김하였습니다. 또 한국, 일본, 베트남 등 동아시아에 크나큰 영향을 주었습니다.

공자(孔子)의 《논어(論語)》는 어떤 책?

유가(儒家)의 대표 경전인 공자(孔子)의 《논어(論語)》는 대부분이 대화체 형식으로 구성되었습니다. 도가(道家)의 대표 경전인 노자의 《도덕경(道德經)》(5,200여 글자로 구성)이 '무위자연(無爲自然)'과 같은 사상을 일관되게 주장한 반면 《논어》(1만 5,900여 글자로 구성)는 공자와 그의 제자들이 나눈 대화를 담아 묶어낸 '어록(語錄)'에 가깝습니다. 즉 제자들이 스승 공자와 나누었던 이야기를 발췌하고 편집한 담화집입니다. 《논어》는 공자의 언행과 습관뿐만 아니라 춘추시대의 생활상, 더 나아가 인간과 삶에 대한 모든 것을 담아냈습니다. 다른 경전들이 대부분 알맹이만을 가려내어

담아낸 반면 《논어》는 공자의 시시콜콜한 일상까지도 그대로 수록하고 있으니 담백한 일상의 기록이라 할 수 있습니다.

공자와 그의 제자들이 나눈 대화를 담은 어록집인 『논어』는 공자의 말과 행동, 공자와 제자 사이의 대화, 공자와 당시 사람들의 대화, 제자들 간의 대화 등으로 구성되어 있습니다. 우리가 마땅히 갖춰야 할 덕목인 인(仁)과 예(禮), 덕(德) 등은 어떤 것이며, 학문하는 자세와 인간관계, 사회와 국가의 일에 어떠한 태도와 시각을 가져야 하는지 등 삶의 처세를 총망라하고 있습니다.

우리의 경우 조선왕조 5백여 년 동안 유교를 통치이념으로 삼았는데, 사서(四書)인 《대학(大學)》·《중용(中庸)》·《논어(論語)》·《맹자(孟子)》와 삼경(三經)인 《시경(詩經)》·《서경(書經)》·《역경(易經)》은 필독서였으며 과거시험의 필수과목이었습니다. 그리고 오늘날에도 《논어》는 사서삼경 중 가장 많이 읽는 책이고, 인생에 한 번은 꼭 읽어야 할 고전입니다. 오늘날 이 책은 서울대·연세대·고려대 등 상아탑의 필독서가 되었고, 삼성 이병철 회장 등 리더의 인생 책이 되었습니다.

그렇다면 《논어》에는 어떤 내용이 담겨 있을까요? 이 책의 전반부에는 공자의 핵심사상인 '학(學)·정(政)·인(仁)' 등이 기술되어 있고, 후반부에는 공자와 제자 등 인물들과 관련된 이야기를 담고 있습니다. 이 책에서 공자는 엄격한 시각으로 춘추시대 인물들을 파악하고, 제자들의 언행을 예로 들며 무엇이 옳고 그른지를 일깨우고 있어, 오늘날을 살아가는 현대인들에게도 자양분이 되어줍니다. 시대를 초월해 오늘날까지 동서양에서 사랑받는 《논어》는 세상에서 가장 오래된 베스트셀러이자 스테디셀러입니다.

孔子
論語

1.

배우고 때때로 익히면
이 또한 기쁘지 아니한가?

공자가 말했다.

"배우고 때때로 익히면 이 또한 기쁘지 아니한가?

벗이 있어 먼 곳에서 찾아오면

이 또한 즐겁지 아니한가?

남이 나를 알아주지 않아도 화내지 않으면

이 또한 군자답지 아니한가?"

2.

날마다 자기 자신을
세 번 반성하라

증자가 말했다.

"나는 날마다 내 자신을 세 번 반성한다.

다른 사람을 위해 무언가를 도모하는 데

진심을 다하지 않았는가?

벗들과 사귀면서 믿음을 다하지 않았는가?

배운 것을 익히지 않았는가?"

3.
사람이라면
나잇값을 해야

공자가 말했다.

"나는 15살에 학문에 뜻을 두었고,

서른 살이 되어서는 자립했으며,

마흔 살이 되어서는 세상일에 미혹되지 않았고,

쉰 살이 되어서는 하늘의 명을 알게 되었으며,

예순 살이 되어서는 귀로 모든 것을 순리로 받아들였고,

일흔 살이 되어서는 마음에 따라 행해도

도리를 어기지 않았다."

4.

옛것을 익히고 새로운 것을 알면
스승으로 삼을 수 있다

공자가 말했다.

"그가 행하는 일을 보고 그가 어떤 이유로

그렇게 했는지를 관찰하고,

그가 편안하게 여기는 것을 세밀히 살펴보아야 한다.

사람이 어떻게 자신을 숨기겠는가?

사람이 어떻게 자신을 숨기겠는가?

옛것을 익히고 새로운 것을 알면

스승으로 삼을 수 있다."

5.
아침에 도를 들으면
저녁에 죽어도 좋다

공자가 말했다.

"아침에 도(道)를 들으면 저녁에 죽어도 좋다.

선비가 도에 뜻을 두면서 허름한 옷과

초라한 밥상을 부끄러워한다면

그와는 함께 논의할 수 없다."

6.

이익만 좇아 행동하면
원망이 늘어난다

공자가 말했다.

"군자(君子)는 은덕을 생각하고,

소인(小人)은 재물을 생각한다.

군자는 형벌을 생각하고,

소인은 혜택을 생각한다.

이익만 좇아 행동하면 원망이 늘어난다."

7.
자기를 알아주는 사람이 없다고
걱정하지 말라

공자가 말했다.

"지위가 없다고 걱정하지 말고,

지위에 맞는 능력이 있는지 걱정해야 한다.

자기를 알아주는 사람이 없다고 걱정하지 말고,

다른 사람이 자기를 알아줄 수 있도록

능력을 길러야 한다."

8.

군자는 의리에 밝고,
소인은 이익에 밝다

공자가 말했다.

"군자는 의리에 밝고, 소인은 이익에 밝다.

어진 사람을 보면 그와 같아지기를 생각하고,

어질지 못한 사람을 보면

마음속으로 자신도 그러한지 반성해야 한다."

9.

자신을 잘 단속하면
잃는 것이 적다

공자가 말했다.

"옛날 사람들이 말을 함부로 입 밖으로 꺼내지 않는 것은
몸이 말을 뒤따라갈 수 없을까 조심했기 때문이다.
자신을 잘 단속하면 잃는 것이 적다."

10.

교언영색(巧言令色)을
부끄럽게 여겨라

공자가 말했다.

"남의 환심을 사려고 듣기 좋은 말과

보기 좋게 꾸민 얼굴빛을 하며 지나치게 공손한 것을

좌구명(노나라의 학자)은 부끄럽게 여겼는데,

나 또한 그것을 부끄럽게 여긴다.

원망을 감추고 그 사람과 사귀는 것을

좌구명은 부끄럽게 여겼는데,

나 또한 그것을 부끄럽게 여긴다."

11.

아는 것은 그것을
좋아하는 것만 못하다

공자가 말했다.

"아는 것은 그것을 좋아하는 것만 못하고,

좋아하는 것은 그것을 즐기는 것만 못하다.

중간 이상의 사람과는 높은 수준의 것을

말할 수 있지만, 중간 이하의 사람과는

높은 수준의 것을 말할 수 없다."

12.

지혜로운 사람은 물을 좋아하고,
어진 사람은 산을 좋아한다

공자가 말했다.

"지혜로운 사람은 물을 좋아하고,

어진 사람은 산을 좋아한다.

지혜로운 사람은 동적이고,

어진 사람은 정적이다.

지혜로운 사람은 즐겁게 살고,

어진 사람은 오래 살 수 있다."

13.

옳은 것을 듣고서도 실천하지 않는 것

공자가 말했다.

"묵묵히 알아가는 것, 배우는 데 싫증내지 않는 것,

남을 가르치는 것을 게을리하지 않는 것,

내가 이 세 가지를 실천하는데

어찌 어려움이 따르겠는가?

덕(德)을 닦지 못한 것, 배운 것을 익히지 못한 것,

옳은 것을 듣고서도 실천하지 않는 것,

좋지 못한 것을 고치지 못한 것,

이것이 바로 내 걱정거리다."

14.

일할 때는 무모하게 하지 말고
계획을 잘 도모하라

자로가 물었다.

"스승님께서 삼군(三軍)을 거느리신다면
누구와 함께하시겠습니까?"

공자가 말했다.

"맨손으로 호랑이를 잡으려 하고 맨몸으로 강물을 건너
려다 죽어도 후회하지 않을 사람이라면, 나는 그러한
사람과는 함께하지 않을 거란다. 내가 함께할 사람
은 반드시 일을 할 때 조심하고 경계하여 계획을 잘 도
모하여 성공하는 그런 사람이란다."

15.

세 사람이 길을 가면
그들 가운데 반드시 스승이 있다

공자가 말했다.

"세 사람이 길을 가면 그들 가운데

반드시 나의 스승이 있다.

그들 가운데 좋은 점을 골라 그것을 따르고

좋지 않은 점은 가려내서

나 자신을 바로잡아야 한다."

16.

욕심내지 말고
제값에만 팔아라

제자 자공이 스승 공자에게 물었다.
"여기에 아름다운 옥이 있다면,
궤짝에 숨겨 보관하겠습니까?
아니면 훌륭한 상인에게 파시겠습니까?"
공자가 말했다.
"그것을 팔아야지! 그것을 팔아야지!
나는 제값을 쳐줄 상인을 기다릴 거야."

17.

사람이 먼저다

마구간에 불이 났다.

공자가 조정에서 물러나와 말했다.

"사람이 다쳤느냐?"

그러고는 말에 대해서는 묻지 않았다.

18.

예가 아니면 보지도 듣지도 말하지도 행동하지도 말라

안연이 인(仁)에 관해 물었다. 공자가 말했다.

"자기를 이겨내고 예(禮)로 돌아가는 것이 인이란다.

하루라도 자기를 이겨내고 예로 돌아가면,

천하가 인으로 돌아갈 것이야.

인을 행하는 방법은 자기 자신에게 달려 있는 법이지,

어찌 다른 사람에게 달려 있겠느냐?"

안연이 물었다.

"그 세부 항목을 여쭙겠습니다."

공자가 말했다.

"예가 아니면 보지 말고, 예가 아니면 듣지 말며,

예가 아니면 말하지 말고, 예가 아니면 행동하지도 말거라."

19.

자기가 하기 싫은 일을
다른 사람에게 시키지 말라

중궁이 인에 대해 물었다. 공자가 말했다.
"집 문을 나서면 귀중한 손님을 뵙듯이 하고,
백성을 부릴 때는 큰 제사를 받들듯이 해야 한단다.
자기가 하기 싫은 일을 다른 사람에게
시키지 않아야 한단다.
이렇게 하면 나라 안에 원망이 없고
집에서도 원망하는 사람이 없을 거야."

20.

지도자가 선해야
따르는 이들도 선해진다

계강자가 공자에게 정치에 대해 물었다.
"만약 무도한 사람을 죽여야
올바른 정치를 할 수 있다면 어떻겠습니까?"
공자가 대답했다.
"선생께서는 정치를 하는 것에
어찌 살인이라는 방법을 쓰십니까?
선생께서 선해지려 한다면 백성들도 선해질 겁니다.
군자의 덕은 바람이고, 백성과 소인의 덕은 풀입니다.
풀 위로 바람이 불어오면 반드시 드러눕습니다."

21.

일을 먼저 하고 얻는 것을
나중에 생각한다면

번지가 무우 땅 아래에서 공자와 함께 노닐다가 물었다.

"감히 덕(德)을 추구하는 것, 사특한 생각을 고쳐 수양하는 것, 미혹됨을 분별하는 것에 관해 여쭙고자 합니다."

공자가 말했다.

"좋은 질문이구나! 일을 먼저 하고 얻는 것을 나중에 생각한다면 그것이 덕을 추구하는 것이 아니겠느냐? 자신의 나쁜 점을 고치려 하고 다른 사람의 나쁜 점을 탓하지 않는 것이, 사특한 생각을 고쳐 수양하는 것이 아니겠느냐? 한순간의 분노로 자신을 버리고 자신의 부모님에게까지 그 화가 미치게 된다면, 그것이 바로 미혹이 아니겠느냐?"

22.

정치를 하려면 먼저 앞장서고 열심히 일해야 한다

자로가 정치에 대해 물었다. 공자가 말했다.

"먼저 앞장서고 열심히 일해야 한다."

자로가 좀 더 말씀해 주시기를 요청했다.

공자가 말했다.

"게으름이 없어야 한단다."

23.

가까이 있는 사람을 기쁘게 하고, 멀리 있는 사람을 찾아오게 하는 것

섭공이 정치에 대해 물었다. 공자가 말했다.

"가까이 있는 사람을 기쁘게 하고,

멀리 있는 사람을 찾아오게 하는 겁니다."

24.

말을 잘한다고
덕이 있는 것은 아니다

공자가 말했다.

"덕이 있는 사람은 반드시 좋은 말을 하지만,

말을 잘하는 사람에게 반드시 덕이 있는 것은 아니다.

어진 사람은 반드시 용기가 있지만,

용기가 있는 사람이라고 해서 반드시 어질지는 않다."

25.

지혜로운 사람은
미혹되지 않는다

공자가 말했다.
"군자의 도에는 세 가지가 있는데,
나는 그중 할 수 있는 게 없다.
어진 사람은 근심하지 않고,
지혜로운 사람은 미혹되지 않으며,
용감한 사람은 두려워하지 않는다."

26.
멀리 내다보며 생각하지 않으면
가까운 곳에 근심이 있게 마련

공자가 말했다.

"사람이 멀리 내다보며 생각하지 않으면,

반드시 가까운 곳에 근심이 있게 마련이다."

27.
자신에게는 엄중하게 꾸짖고
다른 사람에게는 가볍게 꾸짖어라

공자가 말했다.

"자신에게는 엄중하게 꾸짖고 다른 사람에게는

가볍게 꾸짖는다면, 원망을 멀리할 수 있을 것이다.

'어떻게 할까, 어떻게 할까'라고 말하지 않는

사람에게 나는 어떻게 할지를 모르겠다."

28.

군자는 자기에게서 잘못을 찾고,
소인은 남에게서 잘못을 찾는다

공자가 말했다.

"군자는 자기에게서 잘못을 찾고,

소인은 남에게서 잘못을 찾는다.

군자는 긍지를 갖되 다투지 않고,

무리를 이루지만 파벌을 만들지는 않는다."

29.
많은 사람들이 싫어해도
반드시 좋은 점이 없는지 살펴야

공자가 말했다.

"많은 사람들이 싫어해도

반드시 좋은 점이 없는지 살펴야 하고,

많은 사람들이 좋아해도

나쁜 점이 없는지 반드시 살펴야 한다.

사람이 도(道)를 넓힐 수 있는 것이지,

도가 사람을 넓힐 수 있는 것은 아니다."

30.
상대방을 위해
하는 말이 좋은 말

장님인 악사 면이 공자를 찾아왔다.

면이 섬돌에 이르렀을 때 공자가 말했다.

"섬돌이오."

그가 자리에 이르렀을 때 공자가 말했다.

"앉을 자리요."

모두가 자리에 앉자 공자가 그에게 알려주었다.

"아무개는 여기에 있고, 아무개는 여기에 있다오."

악사 면이 나가자 자장이 물었다.

"그것이 악사와 이야기하는 방법입니까?"

"그렇단다. 그렇게 하는 것이

장님인 악사를 위한 방법이란다."

31.

재산의 분배가 고르면
가난이 없다

공자가 말했다.

"구(공자의 제자 염유)야, 군자는 당당하게
'그렇게 하고자 한다'라고 말하기는 주저하면서
그 일을 하기 위해 핑계를 대는 것을 싫어한단다.
내가 들은 바에 의하면 나라를 가진 사람은 백성이
적은 것을 걱정하지 않고 재산의 분배가 고르지
않은 것을 걱정하며, 가난한 것을 걱정하지 않고
나라가 편안하지 않은 것을 걱정한다고 했단다.
대체로 재산의 분배가 고르면 가난이 없고,
나라가 평화로우면 백성이 적어지는 일이 없으며,
나라가 편안하면 기울어지는 일도 없지."

32.

유익한 벗과 해로운 벗

공자가 말했다.

"유익한 벗에는 세 가지 유형이 있고,

해로운 벗에도 세 가지 유형이 있다.

정직한 사람과 진실한 사람과

견문이 많은 사람과 벗하면 유익하고,

아첨하는 사람과 부드러운 척하는 사람과

말 잘하는 사람과 벗하면 해롭다."

33.

유익한 즐거움과
해로운 즐거움

공자가 말했다.

"유익한 즐거움에는 세 가지가 있고,

해로운 즐거움에도 세 가지가 있다.

예(禮)에 따라 절제하는 것을 좋아하고,

다른 사람의 훌륭한 점을 말하기를 좋아하면서,

현명한 벗이 많아지기를 좋아하면 유익하다.

교만하게 즐기기를 좋아하고,

아무 일도 하지 않고 노는 것을 좋아하면서,

잔치를 벌여 먹고 마시는 것을 좋아하면 해롭다."

34.

군자는 세 가지를
경계해야 한다

공자가 말했다.

"군자에게는 세 가지 경계해야 할 것이 있다.

젊어서는 혈기가 안정되지 않았으므로

여색에 빠지는 것을 경계해야 하고,

장성하여서는 혈기가 왕성해지므로

싸움에 휘말리는 것을 경계해야 하며,

늙어서는 혈기가 쇠약해지므로

탐욕에 빠지는 것을 경계해야 한다."

35.

곤란을 겪고도
배우지 않으면 최하이다

공자가 말했다.

"태어나면서부터 아는 사람은 최상이고,

배워서 아는 사람은 그다음이며,

어려움을 겪고 나서 배우는 사람은 그다음이다.

곤란을 겪고 나서도 배우지 않는 사람은 최하이다."

36.
군자라면 아홉 가지를
생각해야 한다

공자가 말했다.

"군자에게는 아홉 가지 생각할 것이 있다.

볼 때는 명확하게 보았는가를 생각하고, 들을 때는 똑똑하게 들었는가를 생각하며, 안색이 온화한가를 생각하고, 몸가짐이 공손한가를 생각하며, 말이 진실한지를 생각하고, 일을 처리할 때 신중한가를 생각하며, 의문이 들 때는 물어보아야 할 것을 생각하고, 화날 때는 겪게 될 어려움을 생각하며, 이익을 얻을 때는 의로운 것인가를 생각해야 한다."

37.

공손하면 모욕을
당하지 않는다

자장이 인(仁)에 관해 공자에게 물었다.

공자가 말했다.

"다섯 가지를 천하에 실행할 수 있으면 그것이 바로
인(仁)이란다."

자장이 그 내용을 묻자, 공자가 말했다.

"공손함, 너그러움, 믿음, 영민함, 은혜란다. 공손하
면 모욕을 당하지 않고, 너그러우면 사람들의 지지를
받으며, 믿음직스러우면 사람들의 신임을 얻고, 영민하
면 공을 세우게 되며, 은혜로우면 충분히 다른 사람을
부릴 수가 있지."

38.

신뢰를 얻은 다음에
잘못을 간언해야 한다

자하가 말했다.

"군자는 신뢰를 얻은 다음에 백성들을

수고롭게 하니, 백성들에게 미처 신뢰를 얻지 못하면

백성들은 자신들을 학대한다고 생각한다.

신뢰를 얻은 다음에 윗사람의 잘못을 간언해야 한다.

신뢰를 얻지 못한 채 간언을 하면

윗사람은 자기를 비방한다고 여긴다."

39.

다섯 가지의 미덕을 존중하고
네 가지 악덕을 물리쳐라

자장이 공자에게 물었다.

"어떻게 해야 정사에 종사할 수 있습니까?"

"다섯 가지의 미덕을 존중하고 네 가지 악덕을 물리치면 정치에 종사할 수 있단다."

자장이 물었다.

"무엇을 다섯 가지 미덕이라고 합니까?"

"군자는 백성들에게 은혜로우면서도 낭비하지 않고, 고생스럽더라도 원망하지 않으며, 욕망은 있어도 탐욕은 없고, 느긋하면서도 교만하지 않으며, 위엄이 있으면서도 사납지는 않지."

40.
네 가지 악덕

자장이 공자에게 물었다.

"무엇을 네 가지 악덕이라고 합니까?"

공자가 말했다.

"미리 알려주지도 않고 죽이는 것을 잔인하다 하고,
미리 경계하지도 않고 성공을 도모하는 것을
난폭한 짓이라 하며, 명령을 느슨하게 해놓고
기한 내에 독촉하여 이루려는 것을 도적이라 하고,
오히려 사람들에게 주어야 하는데도
출납을 인색하게 하는 것을 못된 벼슬아치라고 하지."

41.

다른 사람의 말을 알아듣지 못하면
그 사람을 알 수 없다

공자가 말했다.

"천명을 알지 못하면 군자가 될 수 없고,

예를 알지 못하면 바로 설 수 없으며,

다른 사람의 말을 알아듣지 못하면

그 사람을 알 수 없다."

일상과이상을이어주는책 **일상이상**

하루 한 장 내 삶에 새기는
공자

ⓒ 2025, 일상과이상

초판 1쇄 찍은날 2025년 5월 2일
초판 1쇄 펴낸날 2025년 5월 19일

펴낸이   김종필
펴낸곳   일상과 이상
출판등록 제300-2009-112호
주소   경기도 화성시 와우로 34번길 63 104-905
전화   070-7787-7931
팩스   031-911-7931
이메일   fkafka98@gmail.com

ISBN 979-11-94227-05-2 (03140)

· 책값은 표지 뒤쪽에 있습니다.
· 파본은 구입하신 서점에서 교환해 드립니다.